LIEBE UND GOTT

HIS DIVINITY
SWAMI BRAHMANANDA SARASWATI MAHARAJ
JAGADGURU SHANKARACHARYA OF JYOTIR MATH

LIEBE

UND

GOTT

HIS HOLINESS
MAHARISHI MAHESH YOGI

Alfa-Veda

Originaltitel: »Love and God«
Copyright © 1964 by Maharishi Mahesh Yogi
Die englische Erstauflage erschien 1965 bei
SRM, Spiritual Regeneration Movement in Norway, Oslo.

Die ersten deutschen Ausgaben erschienen 1973
in der Akademie für Persönlichkeitsentfaltung, Bremen-Blumenthal,
und im Verlag International SRM Publications, Stuttgart.

Deutsch von Jan Müller
unter Berücksichtigung der Übersetzungen von
Regine Vollmer und Rosemarie Schittenhelm
Lektorat: Marret Hansen, Gé van Gasteren

2. Auflage: 12. Januar 2019
© 2019 Alfa-Veda Verlag
Stendaler Str. 25 B
39646 Oebisfelde, Germany
www.alfa-veda.com
alfa-veda@email.de
Taschenbuch ISBN 9783945004234
Hardcover ISBN 9783945004326

INHALT

DAS LICHT, DAS UNS LEITET

D as Licht, das uns leitet, ist die ewig scheinende, nie
sinkende Sonne der göttlichen Gnade – ewig dieselbe,
stetig wie der Polarstern und hell wie die Mittagssonne.
Unser leitendes Licht ist die göttliche Gnade von Shri
Guru Deva, Maha Yogiraj, His Divinity Swami Brahmananda Saraswati Maharaj, der strahlendste Stern in der
Galaxie der Jagad-Guru Shankaracharyas von Indien.

Er war *Maha Yogiraj*, der größte der Yogalehrer, in der
Familie der indischen Yogis und wurde von den »*Gyanis*«,
den Verwirklichten, als verkörpertes *Brahmanandam*,
als allumfassende Wonne oder kosmisches Bewusstsein,
verehrt, als der lebendige Ausdruck von »*Purnam adah,
purnam idam*«[1]. Die göttliche Ausstrahlung, die von seiner leuchtenden Persönlichkeit ausging, enthüllte die
Wahrheit von »*Purnam idam*«, und sein *Sahaja-Samadhi*,
sein natürlicher Dauerzustand kosmischen Bewusstseins,
verdeutlichte die Wahrheit von beidem: »*Purnam adah*«
und »*Purnam idam*«. Die Vollkommenheit dieses großen
spirituellen Meisters bewirkte in Nordindien und überall,
wohin er kam, eine geistige Renaissance.

---

1 Vollkommen ist jenes Unmanifeste (*Brahman*) und (ebenfalls) vollkommen ist dieses Manifeste (*Brahman*).

Dieser große Stolz Indiens, der in seiner Jugend »*Rajaram*« hieß, war das geliebte Kind seiner bedeutenden Familie und wurde in der Gemeinde der Mishra Brahmanen im Dorf Gana nahe Ayodhya in Uttar Pradesh, Nordindien, als die »aufgehende Sonne« verehrt. Er wurde am 20. Dezember 1868 geboren, und seine Geburtsstunde bestimmte ihn zum Einsiedler und nicht für ein weltliches Leben.

Im zarten Alter von neun Jahren, wenn sich andere Kinder dieser Welt meist auf Spielplätzen tummeln, war in ihm bereits der Gedanke der Entsagung herangereift, und ständiges, tiefes Nachdenken hatte ihn von der Nichtigkeit und Vergänglichkeit weltlicher Vergnügen überzeugt. So früh schon erkannte er, dass wahres bleibendes Glück nicht ohne die Verwirklichung des Göttlichen erreicht werden kann. Die Freuden und Vergnügungen, die durch die Welt der Erscheinungen erlangt werden, sind bloße Schatten und Zerrbilder des idealen Glücks, der Wonne, die nicht fern vom Menschen, sondern in seinem eigenen Herzen wohnt, nur umhüllt von den dunklen Wolken der Unwissenheit und Verblendung.

Als er kaum neun Jahre alt war, verließ er sein Zuhause und ging in den Himalaya auf der Suche nach Gott, dem Licht, das im menschlichen Geist die große Dunkelheit vertreibt – das Dunkel, das den Menschen von der inneren Erleuchtung trennt.

Auf dem Pfad zum Göttlichen wird ein guter Führer gebraucht. Auf der Suche nach dem vollkommenen spirituellen Führer traf er viele Meister mit guten Ansätzen, aber keiner entsprach dem Ideal, das er für sich selbst gesetzt hatte:

Er wünschte sich einen spirituellen Meister, der nicht nur in der Philosophie gut bewandert, sondern auch als Person verwirklicht war, und über diese zweifache Errungenschaft hinaus sollte er im lebenslangen Zölibat leben – wohl der natürliche und berechtigte Wunsch eines Aspiranten, der sich selbst diesem hohen Lebensideal verschrieben hatte.

In der heutigen Welt ist es schwierig, wenn nicht gar unmöglich, eine Persönlichkeit zu finden, die diese drei Bedingungen und Eigenschaften in sich vereint, und so musste der junge Wahrheitssucher weit und lange wandern, bis er das Ziel seiner Suche erreichte. Nach rund fünf Jahren Wanderschaft durch den Himalaya kam er in die Gemeinde Uttarkashi. Dort wohnte damals im »Tal der Heiligen« in einer kleinen, abgelegenen Einsiedelei ein großer, spiritueller Meister: Swami Krishnanand Saraswati, ein in philosophischem Wissen gut bewanderter Heiliger, der eine seltene und vollkommene Verbindung von Theorie und Praxis, von Gelehrsamkeit und Verwirklichung darstellte.

Dieser verwirklichten Seele vertraute sich der junge Asket an, um in das geheimnisvolle Reich des Geistes eingeweiht zu werden, dessen wahre Schlüssel nicht in Büchern und Abhandlungen zu finden sind, sondern nur von vollkommenen spirituellen Meistern als streng geheime Praktiken im Stillen von Herz zu Herz weitergegeben werden.

Nach einiger Zeit zog er mit Erlaubnis und auf Geheiß seines Meisters in eine Höhle in Uttarkashi mit dem Entschluss, erst wieder herauszukommen, wenn er das Höchste Licht verwirklicht hatte. Sein Drang nach Erkenntnis des Höchsten war nicht nur ein Wunsch nach dem Ideal oder ein Vorsatz, sondern eine überwältigende, machtvolle Berufung, die wie Feuer in seinem Herzen brannte, jede Zelle seines Körpers durchdrang und ihn weder ruhen noch rasten ließ, bevor er nicht die ewige Glückseligkeit völlig verwirklicht hätte.

Und so erreichte er schon bald den Glanz des Selbst, wo weder Hitze noch Rauch herrschen, und verwirklichte die göttliche Wahrheit, kosmisches Bewusstsein, die höchste, letzte Wirklichkeit, *Sat-Chit-Ananda, Nirwana*.

Die höchste Errungenschaft eines Heiligen ist sein Leben selbst, das hohe Gefüge eines verwirklichten, upanischadischen Lebens, das sich unter dem konkreten Druck der Wirklichkeit entwickelt. Um die wahre Persönlichkeit einer solchen verwirklichten Seele zu verstehen, muss man sich ihr mit offenem und empfänglichem Geist nähern und versuchen, sich ihr großes Innenleben zu vergegenwärtigen, das die Ursache für ihre Art, in der äußeren Welt zu leben, ist.

Im Alter von 34 Jahren wurde er von seinem Meister auf der »*Kumbha Mela*«, der größten Versammlung der Welt, die alle zwölf Jahre am Zusammenfluss der heiligen

Flüsse Ganges und Yamuna in Allahabad stattfindet, in den Orden der »Sannyas« aufgenommen. Danach zog er sich wieder in die gesegnete Einsamkeit zurück, sein einzig wahres Glück. Diesmal ging er nicht in den Himalaya, sondern in die Amarkantakas, zur Quelle des heiligen Flusses Narmada in Zentralindien.

Den größeren Teil seines Lebens verbrachte er an ruhigen, einsamen Orten, dem Lebensraum von Löwen und Leoparden, in verborgenen Höhlen und dichten Wäldern, in denen selbst die Mittagssonne vergeblich versucht, das Dunkel zu vertreiben, das sich in den abgelegenen, einsamen Gegenden der Gebirgsketten Vindhyagiris und Amarkantakas anscheinend dauerhaft ausgebreitet hat.

Den Blicken der Menschen blieb er verborgen, doch das Schicksal des Landes hatte ihn fest im Blick. Seit mehr als anderthalb Jahrhunderten war das Licht von Jyotir Math[2] erloschen, und Nordindien hatte keinen Shankaracharya, um das spirituelle Geschick des Volkes zu lenken. Hier war nun ein helles Licht voller spiritueller Pracht, auf Hochglanz gebracht durch die hehre Disziplin des Sanatana Dharma, aber es verbarg sich in Höhlen und Tälern, in den dichten Wäldern und Bergen Zentralindiens, damit die selige Einsamkeit eine Persönlichkeit heranbilden und ihr vollendete Form geben kann, um durch das Licht ihrer bloßen Gegenwart die Dunkelheit zu erhellen, die im spirituellen Schicksal des Landes überhand genommen hatte.

2 Das Hauptkloster des Shankaracharya im Norden Indiens.

Es dauerte geraume Zeit, zwanzig Jahre, Ihn zu überreden, aus der Einsamkeit herauszukommen und den Heiligen Stuhl des Shankaracharya von Jyotir Math in Badarikashramam, Himalaya, anzunehmen.

Im Jahre 1941, einer bedeutungsträchtigen Zeit in der politischen und religiösen Geschichte Indiens, wurde er im Alter von 72 Jahren als Shankaracharya von Jyotir Math eingesetzt, was einen Wendepunkt im Schicksal der Nation markierte. Unter seiner göttlichen Gnade gewann das Land seine politische Freiheit, und er wurde vom ersten Präsidenten der Indischen Union, Dr. Rajendra Prasad, sehr verehrt. Im Dezember 1950, während der Weltkonferenz führender Philosophen im Rahmen der Feier zum Silberjubiläum des Instituts indischer Philosophen in Kalkutta, bezeichnete Dr. S. Radhakrishnan, der berühmte Philosoph und Nachfolger von Dr. Prasad als Präsident der Indischen Union, Shri Guru Deva als »Vedanta Incarnate« – die »Verkörperung der Wahrheit«.

Seine Methode der spirituellen Erleuchtung war allumfassend. Er inspirierte alle gleichermaßen und hob jeden in seinem religiösen, ethischen, moralischen und spirituellen Leben an. Er bevorzugte nie eine einzelne Partei. Alle Parteien fanden in ihm die gemeinsame Führungsperson. Alle Differenzen und Unstimmigkeiten der unterschiedlichen Kasten, Glaubensrichtungen und »Sampradayas« – der Schulen und Traditionen – lösten sich in seiner Gegenwart auf, und jede Partei empfand sich als ein Faden im Gewebe der Gesellschaft und war sich bewusst, dass alle Fäden gemeinsam das Tuch bilden und es keinen Vorteil brächte, auch nur einen Faden zu entfernen. Solcherart war seine universale, allumfassende Natur.

Seine gesamte Persönlichkeit verströmte immer das gelassene Flair der Spiritualität. Sein Antlitz strahlte jenes seltene Licht aus Liebe, Autorität, Gleichmut und Selbstsicherheit aus, das nur durch ein rechtschaffenes Leben und Verwirklichung des Göttlichen entsteht. Sein *Darshan* erweckte in dem Menschen das Gefühl, als habe ein alter Maharishi aus den Upanishaden wieder Menschengestalt angenommen – und dass es sich lohne, ein gutes Leben zu führen und die Verwirklichung des Göttlichen anzustreben.

Seine geistigen Lehren sind einfach und klar und sprechen unmittelbar zum Herzen. Er hielt sich strikt an die Pfade zur inneren Entwicklung, die in den Systemen der indischen Philosophie und Ethik dargelegt werden, und erhob seine Stimme nie im Widerspruch, sondern immer in voller Unterstützung der Wahrheiten und Prinzipien, die im Konzept des Dharma enthalten sind. Er vermittelte den Menschen den Geist der Religion und machte sie in allen Lebensbereichen glücklich.

Doch wie die Zeit es wollte, vereinte sich das Manifeste nach zwölf Jahren, die im Fluge vergingen, wieder mit seinem Ursprung, dem Unmanifesten, und »Brahma-lina Brahmanandam« erscheint nun im Herzen seiner Jünger als Wogen von Brahmanandam (Wogen der Wonne). Er streifte seine sterbliche Hülle ab, doch ließ er einige der

Seinen in sterblicher Hülle zurück, um das Licht seiner
Gnade aufrechtzuerhalten und die Fackel seiner Lehre
von Hand zu Hand für alle kommenden Jahrtausende
weiterzureichen.

Unter seiner direkten Inspiration, die wir am 31.
Dezember 1957, am letzten Tag der Gedenkfeier zu seinem
89. Geburtstag in Madras, erhielten, wurde die Geistige
Erneuerungsbewegung (SRM) ins Leben gerufen. So verwirklicht sich sein göttlicher Plan der geistigen Erneuerung
der Welt ganz natürlich durch die treibende Kraft der Zeit,
die einen Wandel im Schicksal der Menschheit bewirkt.
Wir beten nur, dass er uns weiterhin leiten möge.

LIEBE

Empfangt meine Liebe und freut euch. Ihr wisst doch: Liebe ist der süße Ausdruck des Lebens. Ich glaube, das weiß jeder.

Liebe ist der süße Ausdruck des Lebens, der höchste Lebensinhalt. Liebe ist die Kraft des Lebens, mächtig und erhaben. Die Blume des Lebens blüht in der Liebe auf und verströmt die Liebe um sich herum.

Durch Liebe drückt sich das Leben aus. Der Lebensstrom ist eine Welle im Meer der Liebe, und das Leben drückt sich in Wellen der Liebe aus, und das Meer der Liebe fließt in den Wellen des Lebens.

Welches Wohlgefühl Liebe dem Herzen bringt!

Beim Gedanken an Liebe kitzelt es im Herzen. Das Herz kitzelt, wenn es an Liebe denkt, und die Wellen des Lebens beginnen im Meer der Liebe zu wogen.

Jede Welle des Lebens ist erfüllt vom Meer der Liebe.

Ja, ein solches Leben ist lebenswert. Jede Welle des Lebens erfüllt vom Meer der Liebe. Das ist wahres Leben, ein solches Leben ist lebenswert.

Und wer lebt solch ein Leben voller Liebe, voller Wonne, voller Kraft und Frieden?

Die Glücklichen.

Das Glück steht jedem offen, sein Schicksal selbst zu bestimmen und ein Leben voller Liebe und Freude zu genießen. Der Glückliche nutzt das Instrument der tiefen Meditation und taucht tief in sein Herz ein.

Dann erreichen die Wellen der Liebe die Tiefe des Meeres, und das Meer der Liebe fließt und erfüllt das Herz und lässt jedes Teilchen des Seins erbeben.

Jede Welle des Lebens fließt dann in der Fülle der Liebe, in der Fülle göttlicher Pracht, in der Fülle der Gnade, in Glück und Frieden.

Dann fließt der Strom des Lebens in der Flut der Wonne, und das Meer der Liebe durchtränkt jede Welle des Lebens.

Liebe ist sehr feinfühlig. Sie ist die zarteste Macht des Lebens, und das Leben ist der dynamischste Ausdruck der Liebe.

Liebe ist etwas Zartes. Und gleichzeitig ist sie überaus stark und sprüht voller Lebenskraft. Eine kleine, zarte Welle der Liebe bringt das Boot des Lebens zum Schaukeln.

Liebe trägt das Leben vom Schmerz der Trennung zur Wonne ewiger Einheit.

Von der unüberwindbaren Pein der Trennung schwingt uns eine kleine, zarte Welle der Liebe hinüber zur unbegrenzten Freude ewiger Einheit.

Was für ein Wunder Gott mit der Liebe erschaffen hat!

Lasst es uns leben! Wir erleben es ja schon.

Lasst uns in Liebe leben, miteinander in Liebe leben und still zu uns selbst sagen: *Dein Wille geschehe!*

Von einer zarten Regung der Liebe allein lebt ein schmelzendes Herz.

Ein winziger Hoffnungsschimmer auf Liebe lässt das erste Licht der Morgendämmerung nach langer dunkler Nacht aufleuchten. Und selbst ein kleines bisschen Liebe, zart wie das Zwinkern eines fernen Sterns, hält das Licht auf dem Altar am Leuchten.

Und in diesem zartesten Licht der Liebe finden die Liebenden eines Tages ihren Weg und pirschen sich leise voran, in aller Stille, angezogen von dieser winzigkleinen Liebe, die ihnen in der Hoffnung auf Erfüllung die Tür offenhielt, in der Hoffnung, dass eines schönen Tages irgendwann das Dunkel der Nacht schwindet und der hellen Mittagssonne am wolkenlosen Himmel weicht.

Der Griff der Liebe, obwohl zärtlich, ist fest und stark. Das Schöne an der Liebe ist, dass sie zart und gleichzeitig stark ist.

Gerade die Stärke der Liebe lässt uns zärtlich bleiben. Die Stärke der Liebe macht uns zärtlich und stark, macht uns schwach im Schlechten und stark im Rechten, gibt uns verzeihende Autorität und Anmut in jeder Lage.

So ergeht es den Glücklichen. Liebe ist das Glück der Glücklichen. Überfließende Liebe ist die Bestimmung jeden Lebens.

Glücklich ist, wessen Herz in Liebe fließt. Ein liebendes Herz, ein Herz voller Liebe, ist der kostbare Kern des menschlichen Lebens. Und wenn es überfließt, wenn es fließt in der grenzenlosen Flut der Wonne, ist es die Glorie des Höchsten, der Segen der Göttlichen Mutter, die Gnade Gottes.

Eine Welle der Liebe durchströmt das gesamte Leben und durchflutet die gesamte Schöpfung.

Die Macht der Liebe lenkt das Leben hierhin, dorthin, überallhin. Liebe lenkt das Leben von Heim zu Hügel, von Hügel zu Hügel, von Hügel zu Heim. Liebe ist voller Sehnsucht auf der Suche. Sie belebt unseren Weg und erwärmt uns für das Ziel.

Die stille Kraft der Liebe kennt keine Schranken. Sie trägt das Leben über schroffe Berge und tosende See.

Und dort, in der Stille der Wildnis oder gar im tosenden Rauschen der See, weht die gewaltige Weite grenzenloser Liebe eine Brise herbei – kühl und frisch, um unser Herz zu erfrischen und den Schmerz der Trennung zu lindern.

Die zarte Hand der Liebe leitet das Leben sanft von den stechenden Dornen zur weichen Blüte der Rose. Die behutsam schaukelnde Wiege der Liebe schwingt das Leben aus der Einsamkeit verzweifelten Suchens ins üppige Feld der Erfüllung.

Ein zarter Funke der Liebe spendet Licht in der Einsamkeit. Er verbrennt die Qualen der Vergangenheit und lässt das Licht der Hoffnung, Freude und Erfüllung leuchten. Schon ein winziger Funken von Liebe genügt.

Liebe ist Gottes kostbarste Gabe an uns. Lasst sie uns zum Guten nutzen. Lasst unser Leben voller Liebe sein.

Lasst uns lieben und liebevolle Milde um uns verbreiten. Lasst die Fülle unserer Liebe nicht überschattet werden vom Lärm der Welt und vom Dick und Dünn des Lebens. Lasst uns voller Licht und voller Anmut sein und im Fließen der Liebe wach und aufmerksam dem Willen Gottes dienen, um uns selbst und unseren Mitmenschen von wahrem Nutzen zu sein.

Lasst die Herrlichkeit des Göttlichen in Liebe erblühen. Lasst die Wonne göttlicher Nachsicht und das Licht der Liebe unser Leben durchtränken und zum ewigen Leben göttlichen Seins umformen.

Lasst die Liebe aus uns quellen als das Licht des Göttlichen, denn das Göttliche ist im Wesenskern reine Liebe und Liebe ist göttlich in ihrer wahren Form. Das Göttliche ist die Fülle der Liebe und Liebe die Fülle des Göttlichen.

Liebe ist das Licht der Göttlichkeit, sie offenbart das Göttliche im Menschen. Liebe ist das göttliche Leben im Menschen. Die Liebe in unserem Herzen ist das Göttliche im Himmel.

Die Göttlichkeit des Himmels wohnt als Liebe in unseren Herzen. Die Liebe im Herzen des Menschen ist der Schrein Gottes auf Erden. Selig ist, wer den Schrein Gottes als die Fülle der Liebe im Herzen trägt.

Und wenn das schmelzende Herz vor Liebe tropft, kommen die Engel vom Himmel herbei und zählen die Tropfen. Kein Tropfen kostbarer Liebe ist je verschwendet, Für jeden Tropfen Liebe fließt das grenzenlose Meer der Wonne, und das Meer der Wonne entfaltet die göttliche Liebe und füllt das Herz.

Dann schauen die Augen auf zu Gott, und Gott breitet seine Arme aus und öffnet sein Herz, und uns dämmert die Wirklichkeit; der Liebesstrom des Menschen mündet im Meer der Liebe Gottes und badet im Glanz der Liebe.

Mensch und Gott vereinen sich. Sie vereinen sich im ewigen Meer der Liebe.

Lasst uns den Glanz dieser Liebe erleben, die den Himmel auf die Erde bringt.

Gottes Liebe, sagte jemand, sei ein abstraktes Konzept.

Ja, sage ich, sie ist abstrakt. Erst durch die Erfahrung des Lebens wird sie konkret.

In ihrem Anfangsstadium ist Gottes Liebe abstrakt, aber vergessen wir nicht, dass sie anfängt, konkret zu werden, sobald das Leben beginnt, und sie wächst und wächst unmerklich, um immer konkreter zu werden und unser ganzes Leben auszufüllen.

Im ersten Kindheitsstadium drückt sich Liebe im Schoß der Mutter aus, im süßen Blick der Mutteraugen. Sie wächst mit dem Spielzeug und auf dem Spielplatz, in süßen Begegnungen mit Freunden und Bekannten, sie wächst in der Süße von Mann und Frau. Mit Alter und Erfahrung wächst der Baum der Liebe, er wächst mit dem wachsenden Leben und der Entwicklung, und findet schließlich Erfüllung in der ewigen Liebe des allgegenwärtigen Gottes, die das Herz erfüllt und das Dunkel der Unwissenheit vertreibt.

Und dann, im Lichte universeller Liebe, findet Gottes abstrakte Liebe ihren konkreten Ausdruck in allem. Alles wird zur göttlichen Ausstrahlung ewiger Liebe. Leben findet seinen Sinn in der lebendigen Gegenwart Gottes.

Jede Phase des Lebens ist dann von Liebe durchtränkt und atmet Gottes lebendige Gegenwart – hier, dort und überall, in diesem, jenem, in jedem Ding – nichts als Liebe und Gottes lebendige Gegenwart. So schreitet allmählich die persönliche Liebe ganz natürlich fort, bis sie den Status universeller Liebe erreicht. Und universelle Liebe schreitet voran und findet ihren Ausdruck in der persönlichen Liebe.

Alles im Leben hat seine Zeit.

Auf den Stufen der Liebe schreitet das Leben voran, und jede Stufe der Liebe hat ihre eigene Zeit; jede Ebene der Liebe bringt der entsprechenden Ebene der Evolution Erfüllung.

Jede Art von Liebe, in jeder Phase jedes einzelnen Tropfens, hat ihren Wert im Leben.

Liebe ist der höchste Segen im Leben; Liebe ist als Liebe allumfassend. Persönliche Liebe ist konzentrierte universelle Liebe. Ah, mein Herz fließt über, wenn ich sage: *»Persönliche Liebe ist konzentrierte universelle Liebe!«*

Das Meer universeller Liebe fließt in den Strömen individueller Liebe. Welcher Segen im Leben! Den Herzen, in denen universelles Bewusstsein erwacht ist, steht die Kraft des unbegrenzten Meeres universeller Liebe zur Verfügung, selbst wenn sie in persönlicher Liebe fließt.

Wer in der Liebesfähigkeit begrenzt ist, wessen Liebe nur in begrenzten Kanälen einzelner Dinge oder Personen fließt, wer nur dieses oder jenes gerne haben kann, wer sich des universellen Bewusstsein im Herzen nicht bewusst ist, gleicht einem kleinen Teich, in dem die Liebe nur in kleinen Kräuselwellen fließen kann und nicht in Meereswogen.

Derart ist die Liebe der meisten von uns: Heute lieben, morgen streiten wir. Lasst uns der Liebe keine Schande machen. Lasst uns in immer größerer Liebe wachsen.

Wenn das Meer in Wellen wogt, fließt es friedlich im Inneren.

Wenn ein flacher Teich hohe Wellen schlagen will, rührt er nur den Schlamm vom Boden auf, und die ganze Ruhe und Klarheit ist dahin.

Wenn ein Herz, flach wie ein Teich, in hohen Wellen der Liebe schlagen will, entsteht nur Kuddelmuddel und wühlt den Schlamm auf, der bisher gnädig im Boden verborgen lag.

Wenn wir das Meer der Liebe genießen wollen, müssen wir unser Herz erweitern, bis es die Tiefe des Meeres erreicht, unermesslich und voll.

Lasst unser Herz die Tiefe des Meeres gewinnen, bevor wir unserer kostbaren Liebe freien Lauf lassen und sie zum Spielball stürmischer Winde wird.

Und sobald unser Herz genügend Tiefe erreicht hat, öffnen wir es dem Meer der Liebe, damit es in Fülle fließen kann. Die mächtigen Wellen der Liebe wogen dann anmutig und lobpreisen die Glorie und Vielfalt der Schöpfung mit der Wonne der Einheit und mit innerem Frieden.

Und wie erweitern wir die Tiefe unseres Herzens?

Indem wir tief in die Reinheit unseres Seins vorstoßen. Indem wir die zarteren Töne des Liebestriebs erforschen, die in der stillen Kammer unseres Herzens raunen. Indem wir tief in die Stille des unergründlichen grenzenlosen Meeres der Liebe innerhalb unseres Herzens eintauchen. Durch eine einfache Methode der Selbsterforschung, die als Transzendentale Tiefe Meditation bekannt ist.

Jeder von uns kann mühelos die unergründliche Weite des Meeres der Liebe im Inneren ergründen und für immer die Fülle des Lebens in der Fülle des Herzens genießen.

Liebe ist Fülle, sie ist allumfassend.

Liebe bindet. Sie ist die vereinende Lebenskraft. Sie stärkt die Einheit und bindet – doch bindet in Freiheit. Sie fesselt uns in Freiheit aneinander. Sie kennt keinen Zwiespalt, Spaltung ist ihr fremd, Zwietracht ist der Liebe fremd, Zwiespalt ist der Liebe fremd.

Liebe ist Reinheit, Liebe ist Unschuld, Liebe ist Fülle, Einssein und Wonne. Sie bringt uns Erfüllung.

Liebe eint die losen Enden im Leben und verbindet alles zu einem zusammenhängenden Ganzen.

Die Liebe ist das Symbol des Lebens. Einem Leben ohne Liebe fehlt der Inhalt.

Und Liebe vorzugaukeln, ohne wirklich zu lieben, schändet das Leben.

Eine einfache, unschuldige, natürliche, normale Liebe, vollkommen unbefangen, ist etwas Göttliches und die natürliche Eigenschaft eines anmutigen Lebens.

Die göttliche Gnade liegt in der Fülle unschuldiger Liebe. In überfließender Liebe liegt die Liebe zu Gott und die Liebe zu Gottes Schöpfung. Wenn sich der Mensch, der das Leben liebt, in der unbegrenzten Liebe kosmischen Bewusstseins selbst findet, flüstert er seinem Gott im Inneren zu:

»Mein Herr, der Tempel meines Herzens ist voller Liebe, mein Gott, und auf dem Altar Deiner Herrlichkeit ist Deine Liebe sicher bewahrt.

Meine Liebe zu Dir ist sicher und voll im Glanze Deines Altars, voller Frische und Reinheit.

Mein Herr, im Schrein meines Herzens ist Deine Herrschaft sicher, und wenn meine Liebe fließt, verbreitet sie Deine Glorie in Deiner Schöpfung.«

In der Liebe Gottes drücken die Liebenden des Lebens das Unausdrückbare aus. Ihre Handlungen sind der Ausdruck kosmischen Lebens. In ihren Gedanken manifestiert sich das Denken des Kosmos.

Ihr Auge sieht den Zweck der Schöpfung. Ihr Ohr hört die Musik des Kosmos. Ihre Hand folgt dem kosmischen Plan. Ihre Füße bringen das kosmische Leben in Bewegung. Sie wandeln über die Erde, doch ihr Wandeln wird vom Himmel gelenkt. Die Engel freuen sich über ihr Wirken auf Erden. Das ist das Herrliche der aus Liebe geborenen Einheit.

Lasst uns alles lieben, was uns umgibt. Lasst uns in Liebe beschließen, in Liebe zu bleiben, denn Lieben heißt Leben, und aus dem Leben wollen wir bestimmt nicht treten. Also beschließen wir in Liebe, in Liebe zu bleiben und die Grenzen der Güte nie zu verlassen. Denn in der Liebe lebt Gottes Kraft, die Kraft der Schöpfung, die Weisheit des Lebens, die Stärke alles Guten. Also sollte unser Leben voller Liebe sein.

Die Fäden der Liebe webten das Gewand unseres Lebens. Wir wollen es sauber halten, rein und fleckenlos.

Leben ist ein heiliges Geschenk der Liebe Gottes an uns. Dieses heilige Geschenk des Lebens wollen wir nicht verderben und die Liebe nicht beschmutzen.

Die Liebe in unserem Leben möge rein sein. Dann hilft sie unserer Evolution und dem kosmischen Zweck der Schöpfung. Sie erhalte unser Leben auf der hohen Ebene von Glanz und Gnade.

Liebe bewahre uns vor Fehltritten und lenke unseren Lebensweg.

Möge Liebe stets unsere Wege erhellen und das Licht all unsere Schritte leiten, ob wir schnell oder langsam gehen. Das Licht der Liebe begleite alle unsere Wege. Liebe sei der stete Anker unseres Lebens. Mögen wir in Liebe leben und die Liebe in uns. In Liebe wollen wir leben, in Liebe wollen wir wachsen und in ewiger Liebe wollen wir Erfüllung finden.

Die Sonne scheint, sie scheint immer voll und ganz. Manchmal ziehen Wolken auf. Lass sie kommen und gehen, sie gehen wie sie kommen. Achte nicht auf sie, gehe einfach deinen Weg. Gehe durch die Wolken, wenn sie vor dir liegen. Versuche nicht, sie wegzuräumen und lass dich nicht aufhalten, sie verschwinden genau so, wie sie gekommen sind.

Sie bleiben nie lange, aber wenn du stehen bleiben und zuschauen willst, wie sie sich auflösen, dann warte eine Weile. Früher oder später kommt der Wind und bläst sie weg von deinem Weg. Warte einfach, bis sich die Wolken aufgelöst haben, und die Sonne, dieselbe alte Sonne der Liebe scheint dann wieder in ihrem vollen Glanz.

Wenn die Nacht kommt, sieht alles dunkel aus, aber das Dunkel hat keinen Bestand.

Die Morgenröte erscheint und bringt Licht.

Die Morgenröte erscheint und verbreitet wieder den Liebreiz des Lebens, darum stört es uns nicht, wenn die Nacht für eine Weile Dunkelheit bringt.

Denn das Licht der Liebe kann gewiss nicht für immer verschwinden.

Die Kraft Gottes kann gewiss nicht für immer verschwinden, denn wir leben in Liebe, wir leben in Gottes Liebe und warten in Liebe darauf, im Leben zu wachsen und in der ewigen Liebe Erfüllung zu finden.

Jai Guru Dev

GOTT
MEINE LIEBE

Gott
Meine Liebe

Licht Deiner Gnade
Das Licht Deiner Gnade scheint auf mich.
Die Liebe Deines Seins erfüllt mein Herz.
Das Schwingen deiner Gnade umhüllt mich.

Mein Herr
Meine Liebe
Gott

In Dir ruhe ich,
In Dir wohne ich,
In Dir bin ich.

Mein Herr

Du bist mein ganzes Wesen.
Du bist die wahre Seele meines Seins.
Alle Wesen wohnen in Dir.
Du wohnst in allen Wesen.
Du bist das Sein von allem.

Mein Herr
Meine Liebe
Mein Gott

> Du bist der Eine.
> Du bist der Eine ohne ein Zweites.
> In der Schöpfung bist Du der Eine.
> Du, der Eine,
> Erscheinst als viele,
> Wie der eine Same
> Als viele Blätter, Zweige und Früchte erscheint
> Und als die ganze Vielfalt des Baums.

Mein Herr

> Du bist der Eine.
> Aus dem Einen wird die Vielfalt.
> Einheit ist Deine Natur.
> Vielfalt ist Deine Glorie.
> Du leuchtest.
> Du bist der Glanz der Strahlenden.
> Die Leuchtkraft der Leuchtenden.
> Du bist

Mein Herr

> Das wahre Leben aller.
> Du bist in allem.
> Alldurchdringend bist Du.

MEIN HERR
Gott

> Du bist alles,
> Hier, dort und überall
> Ist Deine Glorie zu finden –
> Reich und üppig.

Mein Herr

> Deine Pracht ist Fülle.
> Deine Gnade ist Fülle.
> Du bist die Fülle.
> Für die Fülle meines Lebens
> Bist Du die Fülle.
> Ich bin der Tempel Deines Lichts.
> Die Welt ist die Wohnstatt Deiner Gnade.
> Ich bin der Weg zu Dir.

Mein Herr

> Du bist das Ziel in mir.

O GOTT
Mein Herr
Meine Liebe

> Aus meines Herzens Fenster
> Scheint Deines Altars Licht.
> Aus meines Herzens Fenster
> Kommt Deines Altars Licht,
> Es kommt, es kommt,

Mein Herr

    Und breitet sich aus,
    Erhellt Himmel und Erde,
    Lässt Sonne und Mond erstrahlen.
    Segnet den Mensch und die Engel.
    Die Himmel und die Erde erfreuen sich
    Deiner strahlenden Glorie,
    Deiner voll erstrahlenden Pracht.
    Deine Gnade ist beredt.
    Sie ist beredt
    In Stille zwar,
    Aber

Mein Herr

    Diese Stille spricht.
    Sie spricht in Deiner Gnade.
    Sich spricht von Deiner Gnade.
    Die Welt erfreut sich Deiner Gnade.
    Die Welt ist voll Deiner Gnade.

Mein Herr

    Die Welt ist die Wohnstatt Deiner Gnade.
    Ich bin der Tempel Deines Lichts,
    Ich bin der Weg zu Dir

Mein Herr

    Du bist das Ziel in mir.

O GOTT
Mein Herr
Meine Liebe

> Aus meines Herzens Fenster,
> Kommt Deines Altars Licht.
> Kommt Deines Altars Licht

Mein Herr

> Und überwältigt mein Dasein.
> Es stürzt meine Welt um
> Und nimmt mein ganzes Wesen ein.
> Ich sehe nichts,
> Ich weiß nichts,
> Nichts bleibt.
> Was bleibt ist Wonne.
> Die Wogen der Wonne,
> Die mächtigen Wogen der Wonne.
> Und Wonne allein bleibt.

Mein Herr

> In Wonne bist Du Fülle.
> Deine Gnade ist Fülle.
> Dein Licht ist Fülle.
> In der Fülle Deines Seins verehre ich Dich.
> In der Fülle meines Seins verehre ich Dich.

Mein Herr
Meine Liebe
Gott

Du bist die ganze Wahrheit.
Die ganze Wahrheit, ja.
In der Fülle Deines Seins
Bist Du die ganze Wahrheit.
Die ganze Wahrheit
Des Manifesten und Unmanifesten.

Gott

Du bist die ganze Wahrheit.

Mein Herr

Du bist die ganze Wahrheit
Des unmanifesten, göttlichen Bewusstseins
Und der manifesten Vielfalt dieser Welt.
Das Unmanifeste, Absolute, Göttliche
Und die manifeste, relative Welt;
Beide gründen in Dir.

MEIN HERR
Gott

Du bist die ganze Wahrheit.
Du bist die Wahrheit des Ganzen.
Du bist

O Gott

Die Wahrheit der ganzen Geschichte des Lebens,
Du bist die Wahrheit
Der ganzen Geschichte der Schöpfung.

Mein Herr

Vor der Schöpfung
Bist Du das Unmanifeste,
Das reine, absolute Sein.
Gegründet in Deiner Selbst-Bewusstheit,
In Deiner eigenen, reinen Existenz,
Das unbegrenzte,
Grenzenlose,
Unergründliche
Meer der Liebe.

Mein Herr

In Deiner absoluten
Reinheit,
Klarheit,
Göttlichkeit,
Ewigkeit
Bist Du die ganze Wahrheit
Vor der Schöpfung.
Deine Gnade ist alles, was ist,

Mein Herr

Vor der Schöpfung.
Und dann,
Wenn die Schöpfung beginnt,
Beginnt Deine Gnade zu fließen.
Das Meer Deiner Gnade,

Mein Herr

Beginnt zu fließen
In Wogen der Wonne.
Und Wogen der Wonne rollen dann
in Fluten der Freude;
Und Deine Gnade erscheint
Als die vielfachen Freuden des Lebens.

Mein Herr

Deine Wonne der Einheit
Erscheint dann,
während sie die Wonne der Einheit bleibt,
Vollkommen und unversehrt,
Durch die Gnade Deines eigenen Selbst,
Durch Deine Gnade
Als die vielfältigen Freuden des Lebens.

MEIN HERR

Gott

Wie gnadenvoll Du bist.
Deine Gnade offenbart sich als meine Welt.
Wie gnadenvoll Du bist:

Mein Herr

Du verkörperst Dich als Ich.
Deine Natur offenbart sich als meine Natur.
Deine Gnade offenbart sich als meine Welt.
Und doch
Bleibt Deine Gnade Deine Gnade.

Du bleibst Du.
Selbst wenn Du als Ich erscheinst,
Selbst wenn Du als die Welt erscheinst,
Selbst dann bleibst Du Du.

Mein Herr

Deine Schöpfung ist Deine Manifestation.
In der Schöpfung ist kosmische Ordnung.
Ich finde Dich überall,
Dein Selbst überall,
Deine Pracht überall,
Deine Gnade überall,
Deine Natur überall.

Mein Herr
Meine Liebe
Gott

Du bist überall.
Du bist alles.
Hier, dort und überall,
Alles durchdringend,
Allgegenwärtig.

Gott

Du bist alles.
Du bist dies, jenes und alles,
Du bist Vergangenheit, Gegenwart, Zukunft.
Du bist das Licht der Lichter.
Das Licht der Sonne,

Das Licht des Mondes,
Auch das Licht der Sterne.
Du bist das große, strahlende Licht,
In unterschiedlichen Farbtönen erscheinend,
Alle Lebenswege beleuchtend.
Du breitest die Vielfalt aus,
Dein ewiges Sein der Einheit.
Deine Vielfalt und Deine Einheit,
Beides sind verschiedene Seiten, nein –
Nicht verschiedene Seiten –
Eine liegt unter der anderen,
Eine durchdringt die andere, nein –

Mein Herr

Es ist keine Frage
Vom Einen und Anderen.
Es gibt nur *das* Eine,
und das ist *das* Andere.
Du bist das Eine,
Du bist das Andere –
Beides zugleich.

Mein Herr

So verstehe ich Dich:
Du bist allein gnadenvoll.
Die Wonne Deiner Einheit
Breitest Du als vielfache Freuden aus,
Ringsumher, überall.

Gott

> Die stille See
> Deines ewigen Seins
> Bewegt sich in Wellen,
> In mächtigen Wogen der Schöpfung.
> Und diese verkünden uns,

Mein Herr

> Sei es die stille See,
> Sei es die wogende Welle,
> Es ist dasselbe Wasser,
> In der Welle und in der See.

GOTT

> Du bist derselbe,
> Im Zustand des Unmanifesten,
> Absoluten Bewusstseins
> Und in den Erscheinungsformen
> Der relativen Schöpfung.
> Du bist

Mein Herr

> Das unbewegliche, ewige
> Meer der Wonne.
> Und Du bleibst derselbe,
> Du bleibst in Deiner ewigen Glorie,
> Selbst wenn Du erscheinst

Als manifestierte, sichtbare Schöpfung.
In Deinem Selbst,

Mein Herr

Bist Du unwandelbar.
So kenne ich Dich:
Du bist die ganze Wahrheit.
Du bist die Wahrheit des Ganzen.

Mein Herr
Meine Liebe
Gott

Du bist die ganze Wahrheit.
Du bist
Der Anfang
Und das Ende
Allen Seins.
Dies ist mein großes Glück.
Dies gibt mir ein erhebendes Gefühl:
»Meine Liebe ist Alles, ist in Allem.«

Meine Liebe
Gott

Gepriesen seist Du.
Du bist die Fülle.
Das Absolute und das Relative
Sind die beiden Felder Deines Seins,
Die beiden Felder Deiner Ewigen Existenz,
Die beiden Felder Deiner Gnade.

Mein Herr

> Du bist die Fülle.
> Im Bereich der Transzendentalen Einheit
> Bist Du Fülle,
> Und in den Bereichen der sichtbaren Vielfalt.
> In beiden bist Du Fülle.

Mein Herr

> Du bist die Fülle.
> Meine Liebe ist voll in Dir,
> Und Du bist voll in mir.

MEIN HERR
Gott

> Höchstes
> Licht
> Wahrheit

Allmächtiger
Gott

> Du bist Fülle in Deiner Glorie,
> In Deiner Glorie bist Du Fülle,
> Ewige Fülle.

Mein Herr

> Das Absolute ist Dein Ruhezustand,
> Im Relativen spielst Du.
> So kenne ich Dich,
> So kenne ich Dich.

Mein Herr

> Für einen gewöhnlichen Menschen
> Sind die Zeiten Nacht und Tag
> Deine Zeit für Rast und Spiel.
> Aber

Mein Herr

> Ich weiß,
> Das ist noch nicht alles.

O Mein Herr

> Lass es mich sagen,
> Oder, bitte, tu es selbst,
> Sprich es aus.
> Komm, sprich durch mich,
> Löse das Geheimnis, das Dich umgibt,
> Das in Dir liegt,
> Zwischen Deiner Zeit für Rast und Spiel.

Mein Herr

> Man sagt,
> Das Absolute sei Dein Ruhezustand.
> Das Relative Dein Spielfeld.
> Aber ich spüre, ich bin mir sicher,
> Das ist noch nicht alles.

Mein Herr
Meine Liebe
Gott

> Komm, sprich es aus.

Enthülle das Geheimnis,
Löse es auf.
Enthülle das Geheimnis
Und löse die Wolken der Unwissenheit auf,
Auf dass der Mensch Dich sehe
Von Angesicht zu Angesicht.

Mein Herr

Denn Deine Gnade ist voll,
Doch verborgen ist sie
Hinter dem Schleier jenes Geheimnisses.
Der gewöhnliche Mensch genießt sie nicht.
Der Held Deines Spielfeldes,
Der Mensch,
Kann sie nicht genießen.
Der Mensch erfreut sich Deiner Gnade nicht.
Und nicht nur das,
Er beginnt zu leiden,

Mein Herr.

Und Leiden gefällt Dir nicht,
Des bin ich sicher.
Leiden gefällt Dir nicht.
Es gehört nicht zu Dir.
Es gehört nicht
Zu Deiner gütigen, allmächtigen Natur.
Es gehört nicht zu Deinem Himmelreich.
Leiden ist Dir fremd,
Ist Deinem Reiche fremd,

Mein Herr

    Es gehört nicht zu Dir.

    Darum flehe ich Dich an:

O Gott

    Ziehe den Schleier weg

    Und komm und sage:

    Deine Zeit der Ruhe

    Ist nichts anderes

    Als Deine Zeit des Spiels.

    Sage und verkünde es,

Mein Herr

    Dass Dein Reich der Ruhe

    Nichts anderes ist

    Als Dein Spielfeld.

    Verkünde es laut.

Mein Herr

    Sprich es aus und lass es alle hören,

    Dass Du ruhst, selbst wenn Du spielst,

    Und Du spielst, selbst wenn Du ruhst.

    Als das Unmanifeste durchdringst Du

    Die gesamte manifeste Schöpfung.

    Gestehe es,

O Mein Herr

    Wenigstens denen, die suchen

    Und wandern um Deinetwillen.

    Wenigstens denen, die Deine Gnade suchen,

    Gestehe es ein,

Mein Herr

> Und sage, dass Du da bist, wo sie sind,
> Und sie da sind, wo Du bist.
> Du bist in der Schöpfung
> Wie das Öl im Samen,
> Wie die Butter in der Milch,
> Wie das Wasser im Eis.

Mein Herr

> Sag, dass Du überall bist,
> Verkünde, dass Du immer Fülle bist
> In allem,
> An jedem Ort,
> Zu jeder Zeit
> Atmet die gesamte Schöpfung Deine Fülle.

Mein Herr

> In der Fülle Deiner Gnade war alles, was war.
> In der Fülle Deiner Gnade ist alles, was ist.
> In der Fülle Deiner Gnade wird alles sein,
> Was sein wird.
> Du bist ewige Fülle.

Mein Herr

> Du bleibst in Deiner Fülle ewigen Seins,
> Selbst wenn Du die Rolle
> Flüchtiger Erscheinungsformen spielst.
> Die ewig sich ändernde Welt
> Und das nie sich ändernde Selbst,
> Das Relative und das Absolute,

Das Manifeste und das Unmanifeste,
Sind beide Ausdruck
Deiner ewigen Glorie.
Beide enthüllen nur
Deine ewige Gnade,
Beide sind die Erscheinungen
Deiner wahren Natur.
Deine wahre Natur

Mein Herr

Ist weder absolut noch relativ,
Denn sie ist sowohl absolut als auch relativ,
Beides zugleich.
Auf wundersame Weise beides zugleich.

Mein Herr

Das ist Deine eigentliche Art.
Das ist Deine wahre Natur.

Gott

In Deiner gnädigen Natur
Hältst Du beide Extreme des Lebens
Stets unerschütterlich in Dir vereint.
Auf dass Dich niemand verfehle,
Auf dass niemand Deine Gnade misse,
Das ist Deine allmächtige, gnädige Natur.

Mein Herr

Wo immer wir sind,
Auf welcher Entwicklungsstufe auch immer,

Du bist gegenwärtig,
Hier, dort, überall,
In all Deiner Herrlichkeit,
Mit all Deiner Gnade.

Mein Herr

Niemand kann Dich je verfehlen.
Das ist Deine gnädige, allmächtige Natur:
Immer gegenwärtig,
Überall,
Voll Deiner Gnade.

Mein Herr

Niemand kann Dich je verfehlen.
Niemand kann je Deine Gnade missen.
Alle erfreuen sich daran, ohne es zu wissen,
Alle genießen sie ganz von selbst.

Mein Herr

Du bist allbarmherzig.
Das ist der Grund.
Du bist unmanifest und Du bist manifest,
Und Du bist manifest und unmanifest,
Beides zusammen.

Mein Herr

Du bist unwandelbar, ewig.
Und ständig sich ändernd, flüchtig,
Ewig bist Du und vergänglich,
Beides zusammen.

Mein Herr

Wie die Baumwolle als Garn erscheint,
Und das Garn als Gewebe,
So erscheint das unmanifeste, reine Bewusstsein

Gott

Als die manifeste Welt
Der Formen und Phänomene.
Die gesamte Schöpfung
Ist der Ausdruck Deiner Herrlichkeit.

Mein Herr

Du bist die ganze Wahrheit,
Du bist die ganze Wirklichkeit des Lebens,
Du bist das gesamte Leben
Der Schöpfung und des Transzendenten.
Ewig ist Deine Herrlichkeit.

Mein Herr

Du bist die Fülle.
Alles ist voll Deiner Glorie.
Jeder Raum und jede Zeit
Atmet Leben in Deiner Barmherzigkeit.

MEIN HERR
Meine Liebe
Gott

Mein Leben fließt
In Deiner Ewigkeit.
Die wechselnden Phasen meines Lebens,
Mein Körper und meine Umgebung
Und die unwandelbare Seele im Inneren,
All dies geht Hand in Hand
In Deiner allumfassenden Gnade.

Mein Herr

Ich spüre, Du bist glücklich.
Meine wandelbaren Züge ändern sich
Und sie werden sich weiter verändern
Und dieser Erneuerungsprozess dauert an,
Und so wird er weiterhin
Der manifeste Aspekt Deiner Gnade bleiben,
Während der ewige,
Unmanifeste Aspekt Deiner Gnade
Für immer im unwandelbaren Feld
Meines Lebens wohnt.
Deine ewige Gnade
Wurzelt tief in meiner ewigen Seele,
Und Deine vorübergehende Gnade
Bringt immerdar Licht in mein Leben.

Mein Herr
Meine Liebe
Gott

Du bist allgegenwärtig in mir
Mit all Deiner Herrlichkeit.
Mit all Deiner Pracht
Deiner wahren, ewigen Natur,

Mein Herr

Bist Du immer in mir gegenwärtig.
Wie untrennbar von mir ist Deine Liebe.

MEIN HERR
Meine Liebe
Gott

Ich lebe in Dir,
Du lebst stets in mir.
Meine Tage und Nächte,
Selbst meine Träume
Sind kein Hindernis für Dich,
Und auch mich
Trennen sie nicht von Dir.

Mein Herr

Ewig finde ich Halt in Dir,
Und Du hast mich fest im Griff.
Denn ich in Dir
Und Du in mir,

Wir fahren gemeinsam fort
In der Einheit zweier Leben, nein,
Nicht in der Einheit zweier Leben,
Sondern in der Einheit eines Lebens.
In der natürlichen Einheit des Seins
Hast Du mich aufgenommen,
Und ich habe Dich aufgenommen
In die Einheit des Lebens.
Ich bin eins mit Deinem Leben;
Und Du bist eins mit meinem Leben,
So sind wir verschmolzen,
Du in mir
Und ich in Dir.
Nun fließt der ewige Strom des Lebens
Weiter, solange er fließen wird,
Und ich weiß,
Er wird ewig weiter fließen.
Denn unter Ehrenleuten gilt:
»Wer sein Ehrenwort gegeben,
Hält es für das ganze Leben.«

Mein Herr
Meine Liebe
Gott

    Nein.
    Das Wort wird nicht gebrochen.
    Es gibt keinen Bruch.

Deine Gnade ist immer voll,
Ist Fülle beim Entstehen
Und Fülle beim Vergehen.
Das Entstehen und Vergehen der Welt
Lässt Deine Gnade nicht entstehen noch vergehen.
Nein.
Deine Gnade ist für immer voll.

Mein Herr

Die Welt geht weiter, wie sie geht,
Oder wie sie zu gehen beliebt;
Sie geht ihren Weg
Im ewigen Wandel.
Aber,

Mein Herr

Deine Gnade wandelt sich nicht.
Sie ist immerdar voll.
Ihr Ausmaß ändert sich nicht.
Das weiß ich,
Ich weiß es ein für alle Mal:
Deine Gnade ist voll,
Und niemals ist sie weniger als voll.

Mein Herr
Meine Liebe
Gott

Wie könntest Du weniger als voll sein.
Du bist in Deiner ewigen Vollkommenheit,

Bist niemals weniger und niemals mehr.
Ewig ist Deine Fülle.

Mein Herr

Deine Gnade ist immer voll.
Ich bin voll in Deiner Gnade.
Du bist voll in meinem Sein.
Der Strom der Fülle fließt
Von mir zu Dir,
Von Dir zu mir,
Und führt die zwei zusammen,
Verbindet uns beide
In der Einheit des Seins,
In der Fülle Deiner Gnade,
In der Fülle meines Seins.
Mein Sein ist von Deiner Gnade durchtränkt.
Deine Gnade nimmt mein Wesen an.

Mein Herr
Gott

Ich wohne in Dir.
Lass es mich aussprechen.
Ich sage es gerne.

Mein Herr

Ich sage gern:
Ich verehre Dich!
Ich sage es gern:
Ich wohne in Dir und Du wohnst in mir!
Jetzt ist es kein Geheimnis mehr.

Irgendwie lag es in der Luft
Und glaube mir,
Ehe ich es jemandem sagte,
Ehe ich es je sagte,
Wussten sie es,
Wussten sie es alle.
Und nun,

Mein Herr

Bist Du enthüllt.
Was tun?
Ich glaube, nichts ist zu tun.
Was gesagt ist, ist gesagt.
Es ist ans Licht gebracht.
Was kümmert's uns?

MEIN HERR

Du bist enthüllt.
Das ist alles.
Du bist ohnehin nie verborgen,
Nicht wahr?
Und darum
Sehe ich keinen Grund,
Deine Glorie nicht zu besingen.

Mein Herr

Ich preise sie,
Das tue ich gern,

Ich besinge sie gern.
Ich besinge gerne Deine Gnade.

Mein Herr
Meine Liebe
Gott

Ich besinge Dich gerne.
Mein Wesen schwingt mit Dir.
Ich lobpreise Deine Gnade,
Aber,

Mein Herr

Ich weiß nicht, wie es Dir gefällt.
Ich weiß nur, dass es mir gefällt,
Ich mag es, Deine Gnade zu lobpreisen.

MEIN HERR

Ich weiß,
Wenn ich beginne, kommt es unvermittelt,
Ich weiß jetzt,
Als ich begann, kam es so unvermittelt,
Mit dem lautesten Ton fing ich an.
Denn ich konnte sie nicht leise preisen,
Deine ewige Gnade.
Deine ewige Glorie
Konnte ich nicht leise preisen.
Die Herrlichkeit ewigen Lebens,
Wie soll ich sie leise preisen?

Und so stieß ich voll ins Horn!
Es hallte durch die ganze Welt.
Ich weiß nicht, wie es für Dich klang,
Für mich jedoch war's wunderbar,
Ein wirkliches Vergnügen,
Ein guter, großer Spaß.
Ja,

Mein Herr

Mit Vergnügen preise ich Deine Gnade.
Und ist der Spaß vorbei,
Dann denke ich: Im stillen Meer der Ruhe,
Bilden sich keine Wellen.

Mein Herr

Denn für Wellen
Braucht es Wind.
Und Lust braucht es,
Um Deine Gnade zu lobpreisen.

MEIN HERR
Gott

Ich wohne in Dir,
Du wohnst in mir.
In Dir finde ich meine Ganzheit.
In mir bist Du willkommen.
In meiner Ganzheit

Bist Du voll,
In Deiner Ganzheit,

Mein Herr

Bin ich verloren.

Mein Herr
Gott

Mein ganzes Wesen
Ist von Dir erfüllt.
Und in Deiner Ganzheit
Ist jedes kleinste Teil von mir verloren.
Ich bin der Weg zu Dir,

Mein Herr

Du bist das Ziel in mir.
Du allein *bist*.

Mein Herr

Du allein *bist*.

Meine Liebe
Gott

Du allein *bist*.
Und ich *bin*, Dich zu genießen.
Ich *bin*, Dich auszudrücken.
Ich *bin*,

Mein Herr

Ja, ich *bin*,
Mich am Einssein
im Gottesbewusstsein zu erfreuen.

Ich *bin*,
Das Einssein im Gottesbewusstsein auszudrücken.
DU BIST DAS,
Ich bin DAS.
Und Du,
Du bist ich.

MEIN HERR
Meine Liebe
Gott

Ich bin, Dich auszudrücken.
Und Du bist,
Mein Ausdruck von Dir zu sein.

Mein Herr

Mein Ausdruck Deines großen Seins
Übernimmt mein kleines Sein.
Was ist DAS?
Ist es DAS, was ich nicht sagen sollte?
Ist es DAS, was ich auch sein sollte?

MEIN HERR
Meine Liebe
Gott

Alldurchdringend
Allgegenwärtig
Allwissend

Mein Herr

>Sei,
>Sei,
>Sei Du in mir.
>Ich sei in Dir.
>Sei Du.

Mein Herr

>In Dir verliere ich mich.
>Und in meinem völligen Verlorensein
>Gewinne ich Dich ganz.

Mein Herr

>Du bist mein Gewinn.
>Du bist mein ganzes Leben.

O Gott

>Mein Verlust ist mein Gewinn in Dir.
>Ja, mir ist klar:
>Verliere ich, verliere ich doch nie.
>In der Fülle Deiner Gnade
>Gibt es kein Wort für »Verlust«.
>Im Gottesbewusstsein
>Gibt es für mich nur Gewinn.
>Aber ich weiß nicht,
>Wie Du Dich fühlst.

Mein Herr

>Ich weiß nur,
>Du weißt Bescheid,

So wie Du alles weißt,
Und das ist alles,

Mein Herr

Was wirklich zählt.

MEINE LIEBE
Gott

Ich bin Dein Werkzeug.
Ich bin.
Ich weiß, ich bin Dein Werkzeug.
Ich spüre voller Freude, dass ich das bin,
Und sage voller Freude:
»Du verwendest mich.«

Mein Herr

Ich brauche nicht zu sagen:
»Fahre fort.«
Ohnehin,

Mein Herr

Fährst Du fort.
Ich bin ganz Dein.
Fahre fort, mich zu verwenden

Mein Herr.

GLOSSAR

Ayodhya – eine der sieben heiligen Städte Indiens, Geburtsort von König Rama

Brahmananda Saraswati – Ordensname von Maharishis Meister

Brahmanandam – sanskr. »*allumfassende Wonne*«

Brahma-lina – sanskr. »*eingehend in das höchste Brahman*«

Gyani – sanskr. »*Wissender*«, Bezeichnung für einen Verwirklichten

Guru Deva – sanskr. »*Göttlicher Lehrer*«

Jagadguru – sanskr. »*Lehrer der gesamten Welt*«

Jai Guru Deva – sanskr. »*Ehre dem Göttlichen Lehrer*«

Jyotir Math – Hauptkloster des Shankaracharya im Norden Indiens

Kumbha Mela – sanskr. »*Fest des Kruges*«, das größte spirituelle Fest der Welt mit vielen Millionen Pilgern

Maharaj – sanskr. »*großer König, großer Fürst*«

Maha Yogiraj – sanskr. »*der größte der Yogalehrer*«

Mishra – verbreiteter brahmanischer Familienname in Nordindien

Nirwana – sanskr. »*verwehen*«. Im Buddhismus Austritt aus dem Kreislauf von Geburt und Tod durch vollkommenes Erwachen

Purnam adah purnam idam – sanskr. »*Voll(kommen) ist jenes (das unmanifeste Brahman), voll(kommen) ist dieses (das manifeste Brahman)*«, Brihadaranyaka Upanishade 5.1.1

Sampradaya – sanskr. »*spirituelle Schule*«

Sannyas – sanskr. Eine von spiritueller Suche bestimmte Lebensart. Ein Sannyasin ist ein Mensch, der der Welt entsagt und nach Vereinigung mit Gott – der höchsten Wirklichkeit – strebt.

Sat-Chit-Ananda – sanskr. »*Absolutes Glückseligkeits-Bewusstsein*«

Shankaracharya – Vorsteher eines der vier Shankaracharya-Orden, die von Adi Shankara, dem großen Erneuerer der vedischen Tradition, gegründet wurden

Shri – sanskr. »*Glanzvoll*«. Ehrenvolle Anrede, ungefähr »Ehrwürden«

SRM – Spiritual Regeneration Movement, deutsch: Geistige Erneuerungsbewegung

Swami – sanskr. »*Meister, Herr*«, spiritueller Lehrer

Vedanta – sanskr. »*Ende des Veda*« oder »*Vollendung des Wissens*«. Eines der sechs Systeme der indischen Philosophie, in der die Wesensidentität von Atman (der individuellen Seele) und Brahman (der Weltseele) dargelegt wird.

Originaltexte aus Liebe und Gott auf Youtube

Maharishi Mahesh Yogi: »LOVE« (24 min)
Von Maharishi gesprochen, mit leiser Sitarmusik

Song from Maharishi's Poem »God«
by Rick Stanley (7 min), mit Harfenmusik

Deutsche Bücher von und über Maharishi

Maharishi Mahesh Yogi: *Die Wissenschaft vom Sein und die Kunst des Lebens,* 1967.

Die Bhagavad-Gita, Kapitel 1–6 aus dem Sanskrit übertragen und neu kommentiert von Maharishi Mahesh Yogi, 1971.

Als Maharishi kam – Los Angeles 1959: Maharishi Mahesh Yogis Ankunft im Westen, erzählt von Helena Olson, 2018.

Kontakt

https://meditation.de
https://meditation.at
https://schweiz.tm.org